La Mer
Le Vent
Le Soleil

ADSO

La Mer
Le Vent
Le Soleil

J'admire le monde dans son immanence. Il est à la fois splendeur et éternité. Il est après toi mon plus beau cadeau.

© Sandrine ADSO, 2023
Édition : BoD - Books on Demand, info@bod.fr
Impression : BoD – Books on Demand, In de Tarpen 42, Norderstedt (Allemagne)
Impression à la demande
ISBN : 978-2-3224-8667-0
Dépôt légal : Juillet 2023

La mer

Tant que la mer sera
La vie sera !
Depuis les commencements,
Elle accompagne les Hommes librement.

Elle chante, elle danse
Quelquefois d'une grande violence
Elle reste un immense mystère
Nous craignons sa colère.

Je l'entends rugir
Je l'entends applaudir
Tout en s'enroulant autour
De ces créatures d'amour,
Monstrueuses ou belles,
Poséidon s'est fait la part belle.

Et quand le soleil décline ses ardeurs à l'infini
La mer chante et déclame quelques étranges interdits
Les amoures extraordinaires
Des sirènes et des marins solitaires,
Les terribles combats contre Kraken et Léviathan
La joie pour la petite nacelle d'être portée par les vents.

La mer n'est que chevelure
Frissons et armure
Mais elle ne protège pas du désir
Elle ne prévient pas contre ton rire
Qui jaillit dans une écume bleue-cendrée.
Une source que je veux boire pour l'éternité.

Alors, doucement je prie pour revoir la mer
Cette sculpture mouvante aux lumières encore étrangères.

Sa source est salée,
Et m'assoiffe de plus en plus, alors…
Je m'étends sur le sable
Prête à savourer les derniers rayons d'or
Que l'horizon partage avec l'incommensurable.

Et j'ai soif, j'ai soif de toi
Mon corps brûle et t'appelle tout bas.
De ma gorge jusqu'à mon ventre
Mon corps entre
Dans ta légende,
Et je te découvre homme, puis roi
Puis la berge me tend ses fleurs de lavandes
Incroyables violettes
Sur le bleu, imparfaites
Mais si proches de mon bonheur :
La liberté de chercher ton cœur
Partout, tout le temps
Au-delà de tous les orages.

Courir, s'effondrer
Se redresser
Pour t'aimer
À nouveau au creux des nuages,
Qui telle une prison céleste pose toutes les pierres précieuses
Sur les montagnes souples et joyeuses
Qui n'ont de cesse de chanter
Chaque fois que la mer tente de s'élever
Vers cette éternité
Qu'elle atteint chaque instant.

Notre amour est plus vieux que tous les océans,
Il est né dans l'espace, où nos âmes se sont frôlées
Unies, puis aimées,
Tu es peut-être cette nouvelle étoile qui à choisi de ne jamais mourir,
Tu es peut-être cette lumière qui court sur nos avenirs
Et qui dans les voiles du silence
Donne à notre amour l'éternité dans une simple fragrance.

Et je m'enivre de tes odeurs, de ce parfum
Que je découvre chaque matin
En posant mes mains
Sur le visage de la fée.
Tu respires les senteurs de la beauté,
Tu es un oiseau fou,
Un cheval qui se cabre tout à coup,
Une licorne qui attend l'offrande de la jeune vierge ;
Et je deviens le chant du rouge-gorge aux aurores
La puissance douce d'un cierge,
Allumé dans un sanctuaire aux reflets d'or.

La mer s'est encore couchée à tes pieds,
Et l'espoir nu a tremblé…

Car je cherche ce refuge intemporel
Où l'ange bleu étendra ses ailes
Sans vertige, sans ravin effondré
Juste avec le baiser
D'une nouvelle promesse
De la mer, quand elle se fait douce de tendresse.

Voici venu, le temps des commencements
De l'apparition de ton spectre lumineux parmi les bourgeons du printemps
L'arc-en-ciel que je chante alors
Se mêle à la première aurore.
Et sur la mer, lisse comme un miroir
Je contemple les couleurs de ton regard
Qui du noir le plus profond
Parcourt toute la gamme célébrant une naissance et son frisson.
Et devient bientôt, émeraude, saphir
À la recherche des dix tribus perdues.

Oui, c'est le temps d'un nouvel empire
Où le temps petit à petit s'effondre nu.

Avec ce commencement paraît le songe d'une première fois
Le songe de la sirène, amoureuse de toi
Qui ne se sacrifiera pas.

À travers son amour pour toi,
Elle aime tout le genre humain
Peut-être parce qu'il est à l'image du divin.

Alors, je vais dans ma nacelle, courir le monde
À la recherche de la première seconde
Que l'amour aura offerte à notre chanson :
Sur les montagnes des vagues courant vers l'horizon
Il y aura toujours un petit bateau,
Frêle et souple comme un roseau
Pour porter l'effort d'une nouvelle couleur.

Il y a ce petit bateau vainqueur,
Et les commencements d'un premier voyage :
Émerveillée par ton visage
Je vais vers toi, les mains tendues, le souffle court
Qui prennent juste le temps de rêver à notre amour.

Et sur les flots nous nous retrouvons
Après des æons
Où tu étais parti en guerre contre les démons
Qui indolents,
S'étaient vautrés au fond des océans.

Pour célébrer cette retrouvaille heureuse
J'ai posé devant toi, les fleurs de la victoire,
Et la fragile nef, se voit porteuse
D'un amour, d'une langueur infinie et d'un nouvel espoir
Tout ce que mon âme a choisi pour toi
Et l'a posé dans tes bras.

Et dans ce semi-songe, tu viens vers moi,
Le pas lent, le regard droit
Bien décidé à conquérir
Plus que mes rires,
Tout mon avenir.

Comme unique réponse, tu verras
S'ouvrir les velours maladroits
D'une simple femme
Devant son roi !
Qui contemple sa beauté et son âme.

Et au cœur de cet aveu,
Des fleurs bleues
Tomberont du ciel, pour caresser la mer
Et nous irons ensemble, dans la même lumière.

Dans ce voyage, je retrouverai l'éclat
De ton écume bleue cendrée,
Et de nouveau, je referais avec toi
Tous les voyages de l'éternité.

La couleur de ton âme est semblable à la mer :
D'azur, de vent ou de soleil
Elle n'hésite pas à chanter avec les prières
Des licornes vermeilles.

Elle chante, danse et se prolonge
Jusqu'à mon prochain songe,
Si proche, que je peux le toucher, l'embrasser
Et l'emporter à tout jamais.

Sur mon chemin, je retrouverai le ciel bleu-cendré
Que tes yeux avaient laissé pleurer
Dans l'émotion de la découverte d'un chemin secret.

Quelques fleurs, ici et là continueront leurs discours
Le simple muguet sonnera son glamour
De sa délicate clochette blanche, signal
Du festin, des muses et de l'unique vassal
À la cour du chevalier
Bleu-cendré.

Alors dans le ciel face à la mer
S'affronteront les bleus nuits
Et les feux téméraires
Qui jouent à encercler l'interdit.

Des auréoles de lumière
Monteront et descendront entre la mer et le ciel
Comme autant de soleils filaires
Éclaboussés de la première étincelle.

Certains anges intrépides, viendront
Attirés par les jolies chansons
Que la nuit aura volées au jour
Et que le jour aura volé à la nuit ;
Calme, sereine, dans la tour
Éventrée que le temps aura enfouie.

Ce sera l'instant de la nouvelle étoile, qui a choisi de ne jamais mourir
Sur les limbes bleues océanes,
Qu'elle fécondera avant de partir
De l'autre côté de la terre
Vers les contrées "marannes".

Au commencement, il y avait l'étoile et la mer
Et la terre,
Toutes trois bleues
Puis s'est posée la lumière
Avec la main de Dieu.

L'étoile qui rêve souvent du roi David
S'est cachée derrière le sceau de Salomon,
Et les pointes de l'hexagone sacré guident
Les énergies de toute une vie et de ses intuitions.

Ne jamais mourir
Tel est le désir
De l'étoile qui flotte dans le ciel
Parfois, sauvage ou irréelle.

Voici la nouvelle étoile qui irradie sur les flots
Légère, gracieuse et solennelle
Aux scintillements éperdus sur les eaux
Pareils à des sentiments
À des rires d'enfants.

Elle seule, sait guider le marin
Tremblant parmi les embruns,
Elle dessine à la surface des eaux
Des sentiers, des chemins
Jalonnés de lueurs vives et rassurantes,
Pour sa raison vacillante.

Ne faut'il pas être fou, pour partir seul sur les océans ?
Et se sentir si fragile et si puissant ?

Pourquoi le marin a-t'il pris la route,
Seul sous la grande voûte ?

Quel chagrin, quel poison l'ont envahi
Pour le faire sourire seul dans la nuit ?

Et, il est comme l'étoile :
À la fois libre et fatal.
Il ne veut jamais mourir
Et dans ses rêves indélébiles
Il rêve d'entendre à nouveau le rire
Du seul amour de sa vie : la mer !
Oui, il a trouvé son sanctuaire.

Dans ses émois, se glisse le diamant lointain
Qui pose sur la mer des cristaux en lents roulis
Dans ses émois, il espère chaque nuit, le matin
Qui vient chanter avec lui.

L'éternité dans une simple fragrance revient
Comme la brise qui agite la plume du poète,
Comme la pluie qui vient mouiller le jardin
Après sécheresse, silence et défaite.

Le temps tout entier est contenu dans une goutte d'eau,
Alors, que dire des océans ?
L'amour trouvera-t'il ses mots
Dans le nivellement du temps ?

Le temps, ni la mer n'ont de maître ou de Dieu
Chronos ou Poséidon sont assujettis au hasard,
Et dans un sablier bleu
S'écoulent les histoires
De la liberté
De l'éternité
De chaque instant.

Mais sais-tu que je t'attends
Dans le sillage de ton parfum ?
Et je viens de très loin,
De ces terres où ne souffle plus le vent !

Et je viens vers toi, avec le plaisir au bout des doigts
Pour te donner et une terre et de la joie.

Tu es mon continent inconnu
Et je traverse la mer nue
Pour m'asseoir au bord de ton rêve bleu.
J'en ai quelques clefs au fond des yeux,
Est-il possible que je ne trouve pas les verroux ?
Est-il possible que tout commence entre nous ?

Puisque tu as posé sur ma bouche le goût du paradis,
Et que dès lors, je refuse le fruit interdit.
Et puisque cette nuit, je goûterai le permis.

Et ton parfum planant sur toutes les mers
Me ramène à la toute première
Cavalcade océane.
Et personne ne me condamne,
Alors, je peux me poser sur un rocher
Et contempler le visage de la fée :
Ses yeux sont deux améthystes troublées
Par tout l'amour qui s'y est amoncelé,
Son nez est une sculpture grecque antique,
Sa bouche est une rose extatique,
Ses cheveux sont des fusains de printemps.

Sur les eaux, tremble son visage
Reflété depuis le ciel
Sur les eaux, se fraie le passage
De ce miracle intemporel.

Le visage de la fée, ne pleure ni ne sourit
Il fixe et donne sang à la vie.
Avec, elle c'est la deuxième création, … après Dieu.
Le visage de la fée dessine tous les destins et tous les vœux.

Auprès d'elle, tu peux te coucher et aimer
Encore, et encore une fois
Jusqu'au nouvel été
Et tu seras, …
Dans les parfums de l'amour
Comme un appel au jour.

La fée sera là avec l'étrange licorne de feu,
Elles danseront toutes deux
Autour de ta lumière
Et, oui, elles écouteront ta prière.

Tes vœux dans la nuit
Prendront les couleurs inavouées de ce qui n'est plus interdit :
La mer toute entière,
Dans un subtil jeu avec la lumière
Atteindra des sommets
Jamais atteints,
Et tes vœux connaîtront l'éternité
Dès lors, ton chant de joie se mêlera à ce frisson et à ce matin.

Le visage de la fée sur la mer,
Sera comme ce baiser que tu espères
Depuis si longtemps
Et la nuit emportera le vent,
Et le vent emportera la nuit
La voix, alors dira : "*oui*".

Et sur ta bouche se couchera ton seul et unique désir :
L'amour de la fée, posé sur la mer et son grand rire,
Un rire blanc, franc comme l'écume
Qui jaillira de la brume.

Et que dire ? Sinon que je t'aime
Et qu'autour de tes regards la voix sème
L'écho où résonnent les chants de la mer,
En une symphonie extraordinaire.

Viendras-tu au rendez-vous de la première aurore ?
Là, t'attendent les anciens et derniers sorts
Que la fée possède, tel un trésor.

Elle t'envoûtera probablement
Et tu rêveras du secret de devenir son amant.
Jaloux seront les dieux,
Et la mer prendra feu !

Seule subsistera la couleur de ton regard
À la fois d'or et de l'ébène noir.
Tu viens de cet orient
Où les regards sont et à nouveau s'y mêlant
De l'essence marine,
Elle-même de l'essence divine.

Cette joie emportera tes regrets,
Tes douleurs, mais pas tes secrets.
Car la mer sait taire
Les uns après les autres, tous tes mystères.
C'est là sa première promesse
Et les vagues se feront tendresse,
Amour, langueur infinie, nouvel espoir
Ensemble, vous irez jusqu'au prochain soir
Que la lune offrira à ton soleil,
En attendant ton réveil.

Ensemble, tu découvriras une part du sacré
Que tu as voulu embrasser,
Et surtout toucher
Et enfin aimer
Jusqu'au bout, jusqu'à son infini
C'est là sa simple mélodie.

Et tes mélopées s'envolent parmi les voyages de l'éternité.
Ensemble, vous connaîtrez les transes de la volupté,
Sur une écume salée…

Alors, peut-être que tu auras soif de fontaines et de rivières
Il te faudra alors voyager sur les rimes de l'éternité première :
Celle qui en tremblant te donne le seul mot que tu attends,
Celui qui ouvre la porte du printemps :
Oui,
Pour la vie.

Une vie faite, de forêts et de jardins
De mer et de satins
De coquillages et de fleurs ouverts
Offrant leurs cœurs[1] à la lumière.

Et qui toujours, fidèles se couchent devant la mer.
Aux prémices d'un horizon qui bouleversent
Les couleurs des mots des chemins de traverse.

Dans cette balade, l'imprévu
Sera la première impromptue,
Vers la découverte d'un chemin secret,
Qui nul ne sait comment dessiner les yeux des statues enchantées,
Celles qui te protègent des orages, lorsqu'ils tombent sur la mer
En bouquets d'éclairs.

Pourquoi ce chemin est-il secret ?
Parce qu'il réunit à la fois le commencement et la fin
Les deux restent couchés
Devant tes pas et tes mains.

Tout ton être est attendu dans ce sentier qui te mène aux abords de la mer
Et ton âme ne sera plus solitaire,
Elle sera bleue
Elle sera cieux.

---

[1] Chœurs.

Des guirlandes de milliers de fleurs
S'évaporeront dans la lueur :
La timide raie de soleil qui vient te caresser
Lorsque tu es toujours endormi.
Et que sans le savoir, le songe viendra encore te parler
Fébrile et puissant, indécis et infini.

Le rêve que tu emporteras avec toi,
Parmi les flots
Sera le premier soleil de nos premières fois
Où enfin l'homme aimera dans le sanglot
De la béatitude jamais achevée.

Dans ce paradis où mes mots se rapprochent sans cesse
De tes premières volontés.

Je parle pour toi,
Je dors pour toi ;
Pour que tu découvres dans l'innocence, mes plus belles nuits.
Pleines de caresses,
Et de ces nimbes floues
Qui précipitent le songe au bord de sa folie,
C'est une cavalcade de quelques chevaux fous,
De quelques désirs extrêmes…

Parce que c'est toi, parce que je t'aime
Et que tu sais me jouir
Sur les vagues du plaisir.

Mais qui écoute le poète, la plume trempée dans l'océan ?
Mais qui écoute, la femme amoureuse, l'espoir au firmament ?

Peut-être la licorne bleue qui secoue dans sa crinière
Les fragments du temps d'aujourd'hui et d'hier.

Saluant le futur,
Tel un baiser qui dure
Plus que l'espace-temps,
Plus que les victoires et la gloire de l'unique amant.

Alors, demain je n'aurais plus peur
Demain, j'attendrais calmement l'heure
Où tu viendras à notre prochain rendez-vous.

La plage où tu me rejoindras, sera un bonheur très doux.
Nous pourrons entendre le discours des fleurs
Nous pourrons voir le diamant lointain,
L'harmonie viendra dans cet instant chanter pour nos lendemains.

Les fleurs et le diamant viendront de l'étoile,
Et je me découvrirai à toi, sous chacun de mes voiles
Qui un par un guideront ta main
Dans chacun de nos soirs et de mes matins.

Et le feu s'allumera, vif, tel un torrent
Et dans tes yeux, je verrais tout l'amour de tous les amants.

Mais, toi seul saura apprivoiser les flots
Où Aphrodite laissera chanter son écho.

Aphrodite née dans l'écume, vers Paphos, depuis Cythère
Laissera trembler son sein aux abords de ta terre,
Dont tu es le berger ou le roi
L'inconnu de la première fois
Qui a su dans un sourire
Allumer le brasier de tous mes soupirs.

Je me coucherais contre toi,
À mon front, brillera le diadème de l'amour des rois,
Alors je parlerai ton langage
Et la mer, deviendra l'unique passage
De tes bras
À mon sommeil.

Je découvrirai, ce dont j'ai toujours rêvé :
Toi !

Le vent

Lentement j'entends le vent
Qui vient de tous les chemins
Où tu as posé tes mains :
Il n'y a plus de brouillard,
Il n'y a que l'histoire
D'un simple humain
Aimé dans un rayonnement divin.

La lumière, le vent et l'amour
Se disputent les audaces du jour.

Tu verras du bleu, du jour et tes secrets
Seront tous protégé.

Au pays de la licorne, au pays de la nuit des temps
Soufflera ce vent
Qui ramènera les lois
Dans la brume lourde des pays sans croix.

Ainsi peut-être nous comprendrons
Le sens du mot *vent* surtout quand il se fait frisson.

Parce que je te donne mon premier souffle dans un murmure
Parce que tu me donnes la force sûre
D'affronter jour après jour,
Tous mes titans.

Parce que ton souffle est amour
Et qu'il se fait vivant :
Courant dans les forêts,
Courants sur les eaux salées.

Il fait chanter les arbres
Et bouleverse de sa force, tous les marbres.
La forêt et l'océan
Deviennent symphonies
S'éteignent au crépuscule des dieux
L'instant se pose alors dans sa magie,
D'un vent qui fait ouvrir mes yeux
Sur toi et ton monde
L'incroyable ronde
D'un royaume de passion
Des fleurs de saison.

Le vent amène les premières lueurs venues du ciel
L'aurore boréale dans notre cachette
La mouette qui goutte le vent du sel
La fleur qui pousse incertaine et discrète.

Le premier moment
Des premiers commencements,
Et je plonge longtemps, longtemps
Dans les tourbillons qui brûlent et sont dans le vent,
Il fait chaud,
Il fait printemps des oiseaux.

Je découvre des chevaux qui galopent dans d'infinies clairières
Le jour du bleu, le jour de la terre.

Le vent devient la promesse
De la troublante caresse,
Juste de ce frôlement
Et de ton souffle dans le même temps.

Et je suis heureuse de mon état de femme
Parce que j'imagine des couleurs parmi ta flamme :
Jaune et orange,
Toujours plus étrange
Que les lions qui gardent la porte
De ton temple où je transporte
Mes regards,
Mes espoirs,
Devant la magnificence
De l'arche d'alliance.

Les archanges, les chérubins se font légion
Combattant farouchement le démon.
Mais rien ne peut troubler
Ce vent sacré,
Qui flotte dans le nefesh[2] de ce lieu saint.

---

[2] Nefesh désigne en hébreu le souffle de vie, l'âme du monde… au-delà de l'âme des hommes, de leur personnalité, de leur esprit. Au-delà des traditions et des cultures. Elle est, selon Frédéric Lenoir, la force bienveillante qui maintient l'harmonie de l'univers et qui ouvre le chemin de l'humanisme spirituel.

Le lieu saint est l'espace qui mène au sanctuaire :
C'est l'*Hekhal*, où résonnent la prière
Puis, le lieu très saint
Ou Saint des Saints,
Est le sanctuaire lui même appelé *débir* de deborah[3].

Et Hiram de Tyr édifiera
La splendeur :
Le temple du roi Salomon
Au sein duquel flottent vainqueurs
Tous les vents de la terre de Sion.

Le mystère s'endort
Au creux de ces murs d'or.
Et j'espère tout bas que le vent d'Israël
Domptera tous les fauves universels.

Car le vent est l'ombre de l'Homme.
La vibration de l'espace qui devient comme
Une caresse plus douce que le ciel de Moriah
Toute ces forces qui viennent de là-bas.

Je suis et je serais dans ton coup
T'offrant des baisers fous
À genoux devant toi,
Et à nouveau, je te sacrerai roi.

_____

[3] Abeille.

Veux-tu courir sur les terres ?
Veux-tu dompter la lumière ?
Je suis la servante, la poétesse de ta gloire,
Et ensemble, avec le vent nous célébrons une à une, chacune de tes victoires.

N'entends-tu pas les chants d'allégresse
Qui jaillissent dans le foyer de cette tendresse,
Incommensurable qui m'envahit
Jour après jour, dans tous les instants de ma vie.

Je me couche sous le vent
Et je veux rattraper tout le temps
Où j'ai respiré loin de tes parfums
Et de chacun de tes matins.

Le vent envahit mon corps
Et tes doigts y composent de l'or.
Musicien du temps, tu connais tous les passés
Tu vibres depuis la plus ancienne antiquité
Où tu chantais la vie, simple berger,
Et pourtant,
Pourtant… ,
Tu es devenu roi
Parce que tu es le plus grand héros, de ces terres de là-bas.

Mon cœur est comme cette terre,
Sauvage, et fidèle à l'Éternel
Et certains soirs je sens le vent d'Israël,
Et je fais humblement une prière
En mémoire du kotel
Et je me souviens du vent chaud et lourd
Parmi les chants fervents
De tous ces amoureux de la lumière,
Et qui vont même prier à la tombée du jour.

Le vent ne connaît pas de frontière
Seul, le bruit de la rivière
Allume en lui, le désir de pénétrer les moindres recoins
De nos éternités,
Qui conjuguées
S'épanouissent en fleurs
Fidèles à tes couleurs,
Et ce qu'il y a d'étranges
C'est que posées sur moi, elles se mélangent
Et forment toutes les nuances du spectre de la lumière.

Je t'emporte tout entier
Dans un cristal parfait
Que j'ai trouvé un matin, au pied de mon lit.
Tu es autour de mon coup, et ce que j'ai senti
Ressemble à la sensation du rouge,
Lorsque je perçois ton corps qui bouge
Au milieu de ma nuit,
Et, j'allume ma bougie.

La sensation orange,
Lorsque ta bouche à ma bouche se mêlange ;

La sensation jaune, nous parle du fruit interdit
Et la pomme sur l'arbre, haute et fière nous sourit
Mais nous ne la goûtons pas,
Nous préférons nager nus dans les bras
D'Hiddékel, de Pichôn,
D'Euphrate et de Ghihôn.

Lentement, nous parcourrons la terre d'Eden
Avec tous les parfums portés par le vent
Nous ne sentons que la peine
D'être séparés l'un de l'autre, un seul instant…

Le moment vert
Est le moment où la fée nous offre sa lumière
Première joie,
Qui ne cessera de nous accompagner ici et là…

La sensation bleue,
Couleur de la licorne et des amoureux
Monte dans nos veines
Comme un parfum choisi pour les rois et les reines.

Mais nous ne sommes que deux enfants
Emportés sur le miracle du vent,
Tu choisis la langueur,
Je choisis le bonheur.
Je m'enroule autour de toi,
Tu m'aimes une nouvelle fois.

La couleur indigo
Est la couleur du papier, où je t'écris tous ces mots
Que je n'oserais jamais te dire.
Et qui forment dans cette encre, tout un sourire.

Enfin, le violet
Sait se faire discret :
Il devient douce volupté,
Douce nacelle entre la terre et notre éternité.

Et je n'ai plus peur des ravins des dragons
Parce que je sais que le vent les emporte dans la prison,
De l'autre côté du monde
Là où le bonheur fait sa ronde
Terrassant de son seul nom
Tous les démons et tous les dragons.

Tu es ce cheval que je chevauche au crépuscule
Pour monter au pays où se bousculent
Les fées, les anges, les lutins
Jusqu'au bout, vers le matin.

Ta crinière est douce, libre et noire comme l'ébène
Tu franchis tous les obstacles sans peines.

Tu es le vent de mon cœur,
Celui qui me fait vivre
Et qui comble mes heures,
D'un bonheur inespéré.

Au sommet de ta bouche, je me sens ivre
Et ton vent me consumme dans une éternité.

Je suis en vie, depuis que j'ai aimé
Depuis que tu as frôlé
Ma main et que tu m'as parlé le langage de la douceur,
Alors, par toi j'ai connu un grand bonheur.

Le vent qui vient de partout
Souffle sur nous
Et nous transporte dans des parfums
Qui s'associe à la lueur lorsque monte le matin.

Le vent qui vient de nulle part
Recherche une histoire,
D'amour pour faire vibrer le soir.

Et quand la nuit pose sur nos corps
Son grand manteau, s'allument des étoiles d'or.
Je m'éveille dans ta clarté
Et mes mains veulent t'emmener vers l'éternité.

Sauras-tu accepter ce défi ?
Seul compte le temps de l'amour
Car lui seul me conduit au jour
Et je ne sais où est l'interdit.

Apprends moi, avec tes mots
Depuis quel mont le plus haut,
Coulera la vérité ?
Je chercherai à travers ton murmure
L'éclat du vent qui sans armure
Nous propose de nous élever parmi les fleurs,
De l'amour en plein cœur.

Ta voix est une symphonie d'été
Tes yeux, un rêve inoublié
Ta bouche… , un péché
Déjà pardonné.

Tu es le fruit de mon corps
La lumière du soleil d'or
Et nous partageons ensemble le miel de nos deux vies :
Ton mystère extraordinaire
Jaillit à chaque intervalle de pensée
Et cette gamme devient infinie.

Nous sommes comme deux arbres dont les troncs s'enlacent
Depuis les racines, jusqu'au sommet
Et de notre union naissent des fleurs que les fées embrassent.
Et quelquefois lors de son apogée
Le plaisir se fraie un chemin
Incertain et soudain,
Un sentier dans une forêt perdue,
Un sentier où l'amour se propose nu.

Et ce sera le vent qui nous guidera
Vers ce grand amour né là-bas
De l'autre côté du ciel,
Un unique espace fait pour poser nos ailes.

Autour de nos bras la licorne suivra un rayonnement divin
Et nos ailes feront rayonner sa corne torsadée.
Il y aura toi, moi, nous deux et le certain
Une fleur qui s'épanouit, en hiver comme en été.

Alors j'irai chanter dans les forêts
Et je rassemblerai des milliers de bouquet
Que je poserai à tes pieds
Pour que la lumière pénètre ton sang.

Et tu vivras dans ces temps
Où seule comptera l'heure de nos baisers.
Oui, je saurais la glisser
Dans le creux du sablier
Qui ne s'écoule jamais tout à fait ;
Mais que je pose devant mes yeux,
Lorsque je t'attends.

Ton chemin est valeureux,
Chevalier champion de tous ces vents,
Que j'ai traversé pour parvenir jusqu'à… , toi
Et te consacrer roi !

Ton chemin est dangereux,
Car beaucoup de créatures qui se cachant à tes yeux
Ne sont pas moins absentes
Et souvent il te faut guerroyer dans la tourmente.

Mais bien vite, je perçois ce danger
Et je prie la licorne de te protéger.
Car tu es ma plus belle vérité.

Ne le sais-tu pas ?
Depuis tous ces vents, tous ces soleils.
Tu peux t'allonger là
Et attendre la merveille.

Elle arrive à grands pas
Pour affronter l'absence
Dans cet outrageux silence.

C'est pourquoi soudainement
Tu entendras des chants,
Et je viendrais à toi
Encore et encore une fois.

Qu'il est doux ce vent
Où se mêlent nos chants ;
Qu'il est doux ce temps
Où nous respirons en même temps
Dans des nuits
Où se glisse la calme folie.

Et nous avons le monde entier à découvrir
Dans l'infinie source du plaire.

Cette fontaine est fraîche, claire
Comme un brin de muguet tombé à terre,
Peut-être aussi comme un brin de lumière.
Qui se cacherait derrière une autre lumière.

La source du plaisir jaillit depuis ton corps
Jusqu'à mon cœur,
La seule clé est vraisemblablemet du plus pur or
Elle aura été plongée dans le sang des dieux : cet ichor
Qui m'inondent quelques heures,
Pour me ramener à l'eau pure du petit bois.

Dans un bocage
Où l'on peut entendre discuter les mages
Du destin endormi entre toi et moi.

Un destin qui rayonne,
Parce qu'il pardonne
À notre éphémère
L'instant d'une clairière.

Un rayonnement divin
Qui s'attache au bout de nos doigts,
Sur le grésille de nos deux mains.

Pour aller chercher : toi, moi.
Au plus pur de la vie,
Là où Merlin, dans la forêt des Carnutes
Ensemble, chahute
Avec les apprentis-sorciers,
Vifs et dansants dans tous les étés.

Moment de calme et de répit
Où la licorne vient chercher
Le dernier secret
Pour l'emmener au pays
De la frontière de tes yeux.

Probablement le premier paradis
Où la femme t'a connu amoureux…

Quel est mon chemin dans ce monde aventureux ?
Puis-je espérer respirer le souffle de ta mélodie ?

Il existe de biens nombreux vents
Ils sont silencieux ou bruyants,
Les marins Grecs en connaissent huit, qui proviennent de tous les côtés :
Et, à leur tour dessiner
Une rose des vents.

On nommera : Boréas,
Kaikias,
Lips, Apeliotes, Euros,
Notos,
Zephuros,
Et Skiros[4].

---

[4] Pour les marins Grecs.

Ils trouvaient la route selon la direction du vent
Afin de pouvoir naviguer ensuite.
Éole a eu de nombreux enfants
Et les marins voguaient sur eux plus ou moins vite.

Toi tu n'es pas un marin,
Pourtant tu sens dans tes deux mains
La force du cosmos
Qui tel un colosse
T'encadre de part et d'autre
Et pose à la surface des eaux,
Le visage de l'autre :
Celui qui me vole mes mots.

Alors, je m'assieds sur le talus
Ne sachant parler de mon chagrin
Et je reste là quasi-nue
Dans l'horizon du petit matin.

Et sur ton destrier,
Tu rejoins ma forêt
Pour me questionner,
Mais à toutes tes questions je ne sais
Donner de réponses certaines.

Car souvent m'envahit le poison de la peine
Quand le temps s'enfuit
Emportant avec lui,
Les précieux moments où tu es près de moi…,
Et pourtant tu t'en vas.

Dans des pays inconnus, pleins de magiciennes et de barbares
Et le soir descend sur le soir,
Emportant mon regard
Vers toutes les histoires
Que je vivrais loin de toi :
Moi sans son roi,
Un arbre, sans terre,
Une forêt, sans clairière.

Un vent sans voiles à faire frémir
Des jours entiers, sans entendre ton rire.

Des nuits sans le mystère de l'astre blanc[5],
Des aurores qui attendent éperdument le printemps.

Des départs, où je ne peux te retenir
Et des retours où je me sens toute frémir,
Parce que c'est toi
Qui sait ouvrir ma porte,

---

[5] La lune.

Puisque j'ai dessiné sur son bois
Le visage de l'espérance forte.

Le vent d'Elpis[6] irradie des bourgeons de clefs
Des moments instantanés
Où se mêlent nos sourires,
Nos rires,
Quelquefois nos silences
Qui se promènent sur l'insolence… ,
Du temps.

Pauvres mortels que nous sommes !
Oui, j'avoue elle et lui ont croqué la pomme,
Et l'immonde serpent
Se gausse doucement.

Dans la brume lourde des pays sans croix,
Sans l'amour de Jésus,
Sans la crainte de l'au-delà
Un pays où je suis déjà venue,

Et où j'ai voulu mourir
Perdue entre le rire et le souvenir
D'un père qui s'imaginait géant
Et qui n'était en réalité qu'un enfant.

---

[6] La déesse grecque de l'espoir.

Dans la brume lourde de ces matins
Entre la vie et la mort
La licorne veillait sur la rivière d'or
Qui sépare la vie de son lointain[7].

Pour moi, elle a rassemblé, les mille et unes lumières
Pour moi, elle a vidé les gouffres de leurs poussières.
Pour moi, elle m'a appris le langage des fleurs
Parce qu'enfant j'ais embrassé la poésie, et que se furent des heures...
Sacrées.

Et j'ai senti, et j'ai aimé
La licorne, qui dans une brume se levait
Telle un soleil de pureté,
De vie et d'éternité.

Merci.

J'ai retrouvé le chemin de la vie
Et j'ai ouvert grands les yeux
Sur la lumière de Dieu.

Et j'ai découvert la douceur, l'amour, la musique et le rire
Alors, j'ai construit petit à petit un avenir
À cette autre qui est moi
Jusqu'à toi !

---

[7] La mort.

Et si j'ai voulu t'aimer
Sache que ton meilleur ami, m'en a interdit l'accès.
Mais je n'ai pu cesser
Et je ne pourrais oublier de t'aimer.

C'est toi, qui m'as donné la vie
Qui m'as ouverte aux mystères du vent,
Et j'avance doucement
Dans un pays presque interdit.

Je suis à la fois dans la rivière
Et à la fois sur la terre.

Je suis une apatride
Du pays de David,

Je vis dans un monde plein de ciel
Entourée par les colombes et les tourterelles :
Et l'espace est grand
Immense, infini mais si tremblant
Qu'il en est fragile,
Superbe, indélébile
Sur la plage
De mes rivages.

Les vents de la mer sont troublants
Les vents de la mer sont haletants,
Et lorsque je vais de l'autre côté du vent
J'entends des miroirs et des questions,
J'entends des reflets et des prénoms
Auxquels je ne réponds qu'endormie
Lorsque l'on m'autorise la folie
Puisque dans ma veille, je ne fais qu'aimer.

Et tu le sais.

Mon sommeil est le sentier
Que la licorne pour moi a tracé ;
Et elle sait que je t'aime, et que pour toi
J'invente des couleurs
À la fraîcheur matinale du bonheur
Tout droites, venues de l'au-delà
Aux pays des songes
Quand la nuit se prolonge
Un peu plus que d'autres matins.
Et cela juste à cause de tes mains.

Tes mains que j'ai senti l'espace d'un instant
Qui est pour moi, plus mystérieux que le vent,
Je redoute ton silence
Et j'écoute chacun de tes mots avec bienveillance,
Et toujours avec une immense joie.

De l'autre côté du vent,
Il y a ton royaume peuplé de licornes bleues,
De l'autre côté du vent,
Il y a les sourires de tes yeux
Qui me parlent et me chantent,
Tandis que l'espoir m'enchante.

Tes mots, tes chants, l'espoir
Sont avec la lumière, ma plus douce victoire :
Sans médaille, ni trophée
Juste un baiser.

Le premier baiser
Comme un grand secret,
Quelquefois comme une pluie d'été,
Un orage qui n'arrive pas à éclater
Et toi, qui explose de plaisir
Pour de magnifiques souvenirs.

Je te donne tous mes instants
Je te donne mes premiers moments,
Lorsque je m'éveille doucement
Bercée par l'éternelle lumière…
Sache que tu es toi-même un fragment de cet éveil extraordinaire.

Mon sommeil est doux et chaud
Plein de murmures et de mots
Qui entrent en mon âme
Et deviennent la flamme
De mes songes.

Ils vont, viennent et se prolongent
Jusqu'à toi, comme un aveu, une déclaration d'amour
Qui se décline du soir au jour
Et du jour au soir
Sur les ailes fragiles de l'espoir.

Laisse-moi te donner tous les vents dans une bouteille
Pour célébrer la merveille
De ton existence
Qui sait se faire symphonie dans le silence,
Qui sait se faire toi,
Pour moi.

Un amour pour la vie,
Une légende pour notre infini.

Devant tes pas, tremblent les fleurs
Bourgeonnent les arbres dans leurs cœurs,
Tu es l'incarnation du printemps :
Fidèle et resplendissant.

À ton souffle, se mêlent les vents
Et je te sens tout autour de ma cachette,
Loin des tumultes et des vampires
Tu es ma première couche secrète,
Le premier instant de tout mon avenir.

J'ai choisi ton regard comme gouvernail,
J'ai choisi mes mots d'amour, comme unique travail.

Et le poète à sa table sans cesse versifie
Les plus beaux instants de sa vie.

Il est évident que j'écris pour toi,
Tu es ma muse, mon roi.
Et je dessine tout autour de tes bras,
Des oiseaux, des perles d'été
Des joies cachées
Et de nombreux secrets.

Mais le plus beau, je crois est le vent dans tes cheveux
Et qui passe en caressant tes yeux.

Le vent-liberté
Allume en toi, des joies spontanées
Qui s'égrennent en milliers
De colliers fleuries
Que les femmes posent à tes pieds
Pour célébrer ta vie.

Tu es là, tu souris dans le vent
Faisant cesser la course de tous les instants.
Tu es là et le temps cesse,
Tu es là, et ma vie se fait caresse.

Je suis là, et tu te fais mystère
Entends-tu ma prière ?

Je prie pour que toujours s'allument les arcs-en-ciel,
Les horizons toujours fidèles
Au bout de la terre
Qui se déclarent dans la lumière.

Merci.

Et j'écoute ce vent
Me parler de ces jours
Où tu vis,
Le cœur gonflé d'amour
Le temps d'être aussi puissant qu'un géant.

Le temps
De courir sur tous les vents.

L'instant
De vivre dans chacun de mes moments.

Le soleil

Donne lumière
Plus ta lumière,
Le soleil donne les miracles intemporels
Du crépuscule et de l'aurore,
Aux diapasons de tous les ors.

Mais la plus belle lumière que je vois
Est celle qui émane de toi.
Tu es un feu jusque dans ton cœur,
Tu es l'essentiel de mon bonheur.

Le soleil chante avec toi, chaque matin
Et je te cherche avec les mains
Et je te parle de ces murmures avec soin,
J'entends ta voix résonner dans tous mes refuges,
Et par tes mots je trouve tous les subterfuges :
Tu me donnes la force d'un lion
Et je rêve de toi, dans les champs de blé blonds.

Tu es toi-même un soleil
Et tu es la première pensée de mon éveil.

Autour de toi, poussent les arbres
Et il y a même certaines fleurs qui traversent le marbre
Par ta force, …

Autour de toi chante l'écume
Disparaissent les brumes,
Tu es le plus pur ciel d'été
Et le premier instant de la première éternité.

Je suis née,
Lorsque je t'ai rencontré :
Toi, mer, vent, soleil,
Toi, amour, infini, merveille.

Tu me donnes l'amour de la licorne bleue
Longtemps, je plonge mes yeux dans ses yeux
Et je crois comprendre à quel point tu es extraordinaire,
Tu es de ces êtres
Qui sont les maîtres
De la justice et de la bienveillance
Indispensable survivance !

Le soleil qui caresse ta peau,
Te présente tous les cadeaux
Que le monde peut offrir :
Des rivières,
Des clairières,
Des collines, des vallées
Des océans, des marées
Des montagnes, des forêts
Et bien sûr des terres inconnues, où seule la licorne voyage
Tu es son cavalier de passage
Et quelques reines m'ont dite
T'avoir vu chevaucher les licornes à la tombée du soir,
Celles-ci t'invitent
Sur les sentiers, doux, de leurs regards.

Ainsi tu es guidé par les regards de l'étrange bête de lumière
Elle fait jaillir des palais sur ta route
Pour que tu puisses rêver à de nouveaux chemins aux aubes premières,
Pour que tu puisses contenir dans tes bras toutes,
Les promesses d'amour du monde.
Autour de ton ombre tous les cygnes font la ronde,
Et tu deviens magicien des enfants et des vieillards
Posant sur leurs visages des sourires, rien que par ton regard.

Car tes yeux portent clarté et prisme lumineux
Et lorsque le ciel quelquefois se met à pleurer
Dans chaque goutte de pluie, le vent est heureux
Car il partage avec lui, la beauté
De te voir à nouveau
Roi, dont je pose la couronne sur ton front serti de lauriers,
Champion, roi et toujours héros.

Ta couronne brille dans le soleil de milliers de pierres précieuses
Que les nains m'ont transmise car ils me savent amoureuse.

Alors je m'assieds sur un talus
Et je joue avec mes mains nues
À poser des diamants sur l'or,
À sertir toutes les couleurs des pierres connues
De leurs merveilles plus précieuses que tous les trésors :
Du rouge, du vert, du bleu, du mauve
Des rubis, des émaraudes, des saphirs, des améthystes
Qui éloignent de toi, tous les fauves
Et consolent le petit lutin triste
Qui joue tout seul dans le matin.

Alors je me lève, je lui prends la main
Et je lui apprends le soleil, le vent et la mer :
Ensemble nous jouons sur tes terres
Protégées par toutes les créatures qui t'obéissent.
Et ce petit lutin devient mon fils.

Sans le savoir tu m'as donné un enfant
Il est surprenant dans sa joie,
Il est un présent au-delà de tous les temps.
Il est une surprise à chaque fois.

Il aime ton soleil duquel il va se chauffer
Dès que la solitude va l'envahir,
Il aime surtout, que je lui parle de son avenir,
Puisqu'il est peuplé de fées,
Avec qui elles lancent jusqu'aux cieux les cristaux de rires.

Et l'enfance devient un moment sacré
Où je lui apprends le courage et le respect
Et peut-être, la première confrontation
Avec le lion !

Il se dirige sans peur devant le félin
Le regarde et lève la main.

Alors, c'est la victoire :
Le lion à ses pieds se couche et va boire.

C'est pourquoi les lutins désormais
N'ont plus peur dans les forêts.
Car dans la lumière, l'innocence vient les caresser.
Les fauves sont apaisés :
Il n'y a plus aucun courroux,
Le soleil règne de plus en plus doux.

Alors, depuis le sol je lève les yeux
Vers les cieux
Et je me dis qu'il y a bien ta magie,
Dans cet univers aux alternances de jour et de nuit.

Je découvre ainsi, une esquisse d'anges
Des sensations où le sacré se mélange
Au quotidien,
Puisque tu retiens
De par tes yeux seuls, les pluies
Les vents de tous ces pays,
Que je ne découvrirai qu'en songes plus ou moins éveillée.

Mes songes ont ton parfum
Quelquefois tes secrets,
Je rassemble dans un coffret,
Tous les murmures de tes mains.

Et vient le troublant plaisir
D'entendre les murmures de tes mots et de tes mains,
Et rien n'est plus précieux que tes visites dans mon humble logis,
Je t'ouvre la porte et je vois ce sourire
Qui atteint mon intimité la plus enfouie.

Ce sourire a beauté et sens
En un instant, c'est la délivrance.

Tu laisses des traces sur mes portes, sur mes murs
Tu fais de ma maison, un champ d'azur,
Des rayons de lumière et d'amour.
Tu portes dans tes bras
La déesse Héméra[8], chaque jour,
Et ce sont les oiseaux qui chantent ta venue
Alors je sais que dans quelques minutes, tu seras là,
Et je couvre mon corps nu.

Je prends grand soin de laisser le vent
Jouer dans les rideaux et le laisser rire
Devant notre amour innocent.
Et à chaque fois, que je te laisse partir
Je laisse gravés des manuscrits de moi
Enluminés par toi :
Des poésies d'amour,
Que je relis dans le soleil du jour,
Ou dans la nuit que Nyx a vêtue de soie,
Un seul désir : que tu entendes mes chants d'amour pour toi.

Je vois parfois s'allumer tes yeux d'un regard qui n'est qu'à toi,
Je vois parfois s'allumer ton visage d'un sourire qui ne ment pas,
Tous les soleils montent en même temps
Et se réunissent au seul zénith de l'instant levant,
Lorsque nous nous retrouvons,
Nous sommes alors encerclés par l'horizon ;
Et la seule prison, s'appelle : temps.

Oui, nous sommes mortels…

Ne laissons pas passer les plus beaux jours de notre jeunesse
Avant que la vieillesse
Emporte nos étincelles
Et les merveilles de nos corps
Avant la mort.

Souvent j'ouvre ma porte de corne
Pour te laisser venir toi et la licorne
M'inonder de rêves d'amour, parfois très érotiques,
Qui nous viennent du monde antique
Mais je redoute la porte d'ivoire[9]
Source de tromperies et de cauchemars.

Je t'imagine doux et fort
Pour conjurer les mauvais sorts
Combattre les démons
Vibrer chacune de tes émotions.

Ton souffle est un vent ensoleillé,
Ton soleil est un souffle de vent léger
Où dansent toutes les fées
Des royaumes enchantés.

De ma plume versée au sang des muses amoureuses de toi,
Leur sang a toutes les couleurs de la lumière à travers le cristal.
Ma plume est faite de la colombe de joie,
Les couleurs de la lumière souvent dansent dans le dédale
De tes craintes et n'ont que pour seul but de te remettre face au soleil,
Pour qu'à nouveau, tu puisses accomplir des merveilles !

Tu es toi-même un soleil
Une étoile du système solaire,
Un parcours intermédiaire
Entre la Terre
Et l'infini.

Quelquefois même tu éclaires le fond des océans
Il est fort possible que tu es sauvé l'Atlantide du terrible volcan.

Peut-être même que tu y as régné quelques dynasties
Durant les cycles ancestraux de toutes tes vies.

Et ta lumière est venue jusqu'à moi
Depuis le fin fond du ciel et des océans,
Cette symbiose m'offre une immense joie
Et me fait danser en chantant.

J'ai posé des bracelets à mes pieds,
Des colliers à mon cou pour mieux les faire tinter.

Et je sais que tu les entendras,
Comme un grelot d'autrefois
Du temps où l'on accrochait des clochettes aux oreilles des sirènes.
C'est pourquoi la mer chante des mélopées
En l'honneur de la reine[10].

Tes yeux portent clarté et prisme lumineux
Et le soleil qui les habite en est d'or et heureux.

[10] Antinéa.

Richesse ultime de ta naissance,
Tu te promènes sur la Terre
Le cœur en avance
D'un'milliard de siècles pour faire
Des chemins,
Certains de conduire à leurs lendemains.

Le soleil règne de plus en plus doux,
Capturant l'amour dans ses filets,
Tel Hephaïstos[11] amoureux fou
D'Aphrodite dans toute sa gloire et sa beauté.

L'amour et le soleil sont étroitement liés
L'un pose sur l'autre un baiser
Et commence le plaisir,
Les gens sont heureux et échangent leurs rires.

Sur la surface de la mer sont posés des ronds de lumière
Sur la plage sont posées des étendues de chaleur,
Et quand tombe, la première
Nuit, le silence peut entendre le discours des fleurs.

La magie dans ce pays n'a rien de surprenant,
Elle est un cadeau du temps
Un moment qui s'écarte des sentiers
Et qui laisse le soleil aller en liberté.

[11] Sur le conseil de Poséidon, Héphaïstos demande la main d'Aphrodite. L'union d'un dieu Feu avec Aphrodite qui est originellement une déesse Aurore a d'autres justifications : le feu qu'on allume ou qu'on ranime le matin et le rite de la présentation de la jeune épouse au feu du foyer.

Alors, le soleil monte haut,
Et dispense ses rayons chauds
Au rythme des aiguilles sur le cadran
De l'espace-temps.

Le temps chante,
Le printemps se fait discret puis enchante
Les nuits, les jours
La nature redécouvre l'amour
Longtemps caché pendant tout un hiver.

Et si les fleurs s'entrouvrent dans de ravissantes couleurs
Le soleil vers midi redouble d'ardeur,
Tel un amant amoureux
Tel un astre délégué par Dieu
Pour le joyau : la planète bleue,
Confondue en océans, en mer
En forêt, en clairière
En ruisseaux et en rivières
Mais aussi en montagnes en vallées,
En collines et en prés.

La lumière court dans les prairies et les champs
S'interrompant quelques instants
Pour plonger dans les gouttes de pluie
Et ouvrir des arcs-en-ciels sur les paradis
Accessibles à tous les hommes.

Le soleil est, il ne choisit pas
Juste, il se couche lorsque l'étoile Sirius descend sur les toits.

Cela devient l'étrange heure où les fauves sortent
La lumière semble morte
Mais elle revient, laissant la nuit
Aux lions, aux panthères, à tous les prédateurs alanguis
Dans une pénombre tropicale,
Dans une fièvre animale.

La lune elle-même est visible grâce au soleil :
La lumière cendrée de la lune est le fruit d'une double réflexion
De la lumière du soleil.
Notre étoile renvoie ses lumineux rayons
Ils se reflètent d'abord sur la terre, qui en renvoie une partie vers la lune,
Une partie de ces rayons réfléchis
Est alors renvoyée par la face sombre de la lune comme endormie
En direction de la terre.
En parvenant à nos yeux, elle constitue la lumière
Dite lumière-cendrée
Et inonde les dunes.

Le soleil n'est pas éternel : comme n'importe quelle autre étoile,
Le Soleil va mourir : il s'entourera de voiles.
Lorsqu'il finira par ne plus avoir d'énergie.
Le destin du Soleil est de devenir une grande rouge dans l'espace infini.
Il sera alors si grand qu'il englobera
Mercure, Vénus et probablement la terre, qui alors connaître
Un nouveau destin.

Mais que deviendront les humains ?
Rencontreront-ils d'autres formes de vie ?

L'art connaîtra-t'il la survie ?

Et notre amour chantera-t'il haut dans le ciel ?
Ou partira se cacher la licorne éternelle ?

Peut-être que je pourrais m'asseoir à côté de toi,
Il te suffira de respirer vers moi,
Je sentirais ton souffle et je viendrais jusqu'à tes bras.

Je sais que là, je trouverais le plus beau soleil
Je sais, que pour toi, je suis toujours en éveil,
Parce que tu es la seule merveille
Digne d'être contemplée,
Parce que près de toi, le soleil ne cesse de vibrer.

Tu es le premier pas
De l'enfant que je n'aurais pas,
Tu es le premier jour
Qui propose ton amour,
Tu es la première nuit
Du rêve que la licorne a promis.

Et je suis ton pas,
Et je suis ton jour,
Et je suis ta nuit.

Je suis là,
Vibrante d'amour
Pour toute la vie.

Et je ne vois que toi
Non, parce que tu es roi, mais parce que tu es toi
Et c'est immense
Je m'entoure de toi, en permanence.

Et comme tu es gentil,
Tu me laisses inventer mon paradis.

Il est plein de soleil bleus,
Et chaque jour devient de plus en plus heureux.

J'étais dans la pénombre,
Je suis dans la joie,
Je serai dans l'extase.

Je n'ai plus peur des ombres
Ni même de moi
Je suis ta première phrase,

Il y a la nuit,
Puis le jour,
Puis l'envie,
Enfin l'amour.

Et le soleil ne fait que sourire,
Il est posé sur ton avenir
Il réunit les fées dans le manège
De tes rêves, sans aucun sortilège ;
Juste avec leurs visages diaphanes
Dans ces songes, personne ne condamne,
Dans ces songes,
Il a d'abord ta voie
Que j'écoute quand le soleil s'en va :
Chaude et envahissante, elle longe
Tous les paysages de mon âme
Elle sait où poser sa flamme ;

Il y a ensuite ton regard :
L'éclair lorsque descend le soir
La braise qui donne vie à mes désirs…

Des désirs de femme, quelques soupirs
Les longs manteaux dans lesquels je marche sur ton palais
Pour les laisser poser à terre, devant tes pieds,
Être totalement devant toi,
Être femme, une nouvelle fois.

Et accepter la capture de tes bras,
Car, ils sont un pays de plaisir et de joie.

Je marche dans ton soleil, dans ta lumière,
Et même quelquefois jaillit l'éclair.

Tu maîtrises le feu
Tu chantes le bleu
Tu parcours la liberté
Tu irradies pour l'éternité.

Avec toi les éléments
S'entremêlent dans ce vent
Que tu portes dans le coffre de tes bras,
Et je suis à toi.

Je reste transie sous la pluie,
Je ne pleure plus vers l'infini.
Je suis revenue depuis les premiers temps
Je suis libre maintenant.

Après avoir connu des soleils noirs
Tremblante parmi les cauchemars.

Mais aujourd'hui l'horizon s'est ouvert
Laissant place à ta lumière.

Mais qui m'apprendra
Comment aimer un roi ?

Faut-il que je parle au soleil ?
Faut-il que demain je m'éveille
Dans tes bras,
Pour vivre une nouvelle fois ?

Table des matières

La mer 7
Le vent 27
Le soleil 53